Voodoo

Storia, Credenze e Rituali

Richard Reuss

Introduzione

Il Vudù è una religione africana e afroamericana dai caratteri sincretici e fortemente esoterici. La parola deriva dal termine africano "Vodu", che letteralmente significa "spirito", "divinità", o ancor più letteralmente "segno del profondo". La si ritiene generalmente come una delle religioni più antiche e misteriose del mondo; in questo libro se ne analizzano le origini, le credenze e le pratiche magiche.

La parola deriva dal termine africano "Vodu", che letteralmente significa "spirito", "divinità", o ancor più letteralmente "segno del profondo". La si ritiene generalmente come una delle religioni più antiche al mondo, sempre se si vuole considerare la forma moderna, nata tra il Seicento e il Settecento pressoché contemporaneamente in America Latina e in Africa occidentale, come una continuazione diretta della forma originale. La religione vuduista attuale combina infatti elementi ancestrali estrapolati dall'animismo tradizionale africano che veniva praticato nel Benin prima del colonialismo. Oggi il vudù è praticato da circa sessanta milioni di persone in tutto il mondo, e ha recentemente acquisito il privilegio di essere riconosciuto come religione ufficiale in Benin, dove è fiorentemente organizzato in una Chiesa alla quale aderisce l'80% della popolazione, e a Haiti dove è praticato da gran parte della popolazione. A differenza di quanto comunemente si ritiene, il vudù non è un fenomeno legato solo alla magia nera, ma una religione a tutti gli effetti, ed è dotato di un profondo corpus di dottrine morali e sociali, oltre che di una complessa cosmologia.

Brasile: Candomblé Jejé

Il Candomblé Jejé , noto anche come Vodum brasiliano , è uno dei principali rami di Candomblé. Si sviluppò nell'impero portoghese tra gli schiavi Fon ed Ewe . Jejé è una parola Yoruba che significa straniero, che è ciò che gli schiavi Fon ed Ewe rappresentavano per gli schiavi Yoruba.

Gli Spiriti: Vodums

Gli spiriti Jejé sono chiamati "Vodum". Secondo la tradizione, furono introdotti nel Regno di Dahomey dalle terre vicine dal suo fondatore, il re Adja-Tado , su consiglio di un bokono (veggente). Il loro culto fu riorganizzato e uniformato dal re Agajah nel 18 ° secolo. I Jejé Vodums sono talvolta coltivati ??in case di altre nazioni con nomi diversi. Ad esempio, il Vodum Dan o Bessen si chiama Oxumarê in Candomblé Ketu . Al contrario, i Ketu Orixás possono essere coltivati ??nelle case di Jejé, ma mantengono il loro nome.

Vodú cubano

Il Vodú cubano è una religione originaria di Cuba. È una religione formata dalla fusione delle credenze di Fon e Ewe e della religione Dahomey che è venuta a formare il Vodou haitiano. Dall'immigrazione haitiana a Cuba, la religione haitiana del Vodou è arrivata a Cuba e si è evoluta in una nuova pratica religiosa unica. I Loa sono adorati dai praticanti della religione. Cuban Vodú è degno di nota per la sua popolarità nella provincia di Oriente di Cuba e per la mancanza di studi accademici sulla religione.

Anche se gran parte delle pratiche provengono da immigrati haitiani che portano il vodou haitiano a Cuba, le pratiche cubane differiscono in alcuni modi. Ad esempio: talenti di forza sono più comuni nelle cerimonie e i movimenti di danza differiscono. Il Vodú cubano è composto da tre divisioni: la divisione americana indigena, i cui spiriti sono di origine americana (di solito si riferisce agli spiriti Taíno); la divisione africana, i cui spiriti sono di origine africana (di solito spiriti

Fon ed Ewe); e la divisione europea, i cui spiriti sono di origine europea (di solito spiriti spagnoli).

Il Vodú cubano è una religione originaria di Cuba. È una religione formata dalla fusione delle credenze di Fon e Ewe e della religione Dahomey che è venuta a formare il Vodou haitiano. Dall'immigrazione haitiana a Cuba, la religione haitiana del Vodou è arrivata a Cuba e si è evoluta in una nuova pratica religiosa unica. I Loa sono adorati dai praticanti della religione. Cuban Vodú è degno di nota per la sua popolarità nella provincia di Oriente di Cuba e per la mancanza di studi accademici sulla religione.

Anche se gran parte delle pratiche provengono da immigrati haitiani che portano il vodou haitiano a Cuba, le pratiche cubane differiscono in alcuni modi. Ad esempio: talenti di forza sono più comuni nelle cerimonie e i movimenti di danza differiscono. Il Vodú cubano è composto da tre divisioni: la divisione americana indigena, i cui spiriti sono di origine americana (di solito si riferisce agli spiriti Taíno); la divisione africana, i cui spiriti sono di origine africana (di solito spiriti Fon ed Ewe); e la divisione europea , i cui spiriti sono di origine europea (di solito spiriti spagnoli).

Vudú domenicano

Il Vudú domenicano è composto da tre divisioni principali e un extra annesso: la divisione Rada conosciuta anche come divisione bianca o dolce, i cui spiriti sono di origine africana (di solito spiriti Fon , Ewe e Nago); la Divisione Petro anche conosciuta come la divisione fuoco o amara (principalmente di spiriti di origine bantu); la Divisione Gede anche chiamata divisione nera (i cui spiriti si occupano della morte e degli antenati); e infine la divisione dei nativi americani ha anche chiamato la divisione dell'acqua, i cui spiriti sono di origine precolombiana (di solito si riferisce agli spiriti ancestrali di Taíno dell'isola). La maggior parte degli spiriti sono sincretizzati con un'immagine di santi cattolici. Queste sono alcune delle caratteristiche principali che distinguono il Vudú domenicano dalle altre forme di Vodoo. Alcune divinità importanti venerate nel Vudú domenicano includono:

- Anaisa Pye, il loa dell'amore e della felicità. È sincretizzata con Sant'Anna.

- Belie Belcan , il loa della giustizia e protezione contro i demoni. È sincretizzato con San Michele Arcangelo.

- Candelo sé Difé, Loa of fire, anche spirito guerriero e protettore. Considerato uno degli Ogou, sincronizzato con Charles Borromeo.

- Santa Marta Dominadora, o Filomena Lubana, il loa responsabile del dominio sugli uomini. È sincretizzata con Santa Marta.

- Ogun Balenyo, il loa di guerrieri e soldati. È sincretizzato con Santiago.

- Barone, il loa della morte. È sincretizzato con San Elías.

- Metresili, il loa dell'amore, della bellezza e della ricchezza. È sincretizzata con la Mater Dolorosa.

Musica

La musica domenicana Vudú usa percussioni afro-caraibiche, molte volte è suonata con batteria popolarmente conosciuta come "Atabales o Palos", che sono di origine Kongo; insieme ad esso una Guira (raschietto metallico). I batteristi sono conosciuti come "Paleros", le cerimonie che eseguono sono generalmente chiamate " Fiesta de Palo" o "Maní". Alcuni degli artisti più famosi per registrare questa musica sono Enerolisa Nuñez e Bembesito.

Caratteristiche

Il Vudú domenicano viene praticato attraverso un lignaggio Tcha-Tcha ("maraca" - che significa sonaglio). Ad Haiti, Vodoo è nato e è diventato più popolare attraverso un altro lignaggio noto come Asson. Tuttavia, prima dell'Asson, il lignaggio Tcha-Tcha era il lignaggio di primo piano ad Haiti. Quindi il lignaggio Tcha-Tcha è uno dei lignaggi più antichi della tradizione Vodou in tutta l'isola. I praticanti domenicani di Vudú sono spesso chiamati "Caballos", "Brujos" o "Servidores" ma sono anche conosciuti come Papa Bokos e Papa Loa (maschile) e Mama Mambos e Mama Loa (femminile). Chi ha ottenuto questo titolo è andato attraverso l'ultimo e il più alto livello di iniziazione che può richiedere da 3 a 9 giorni e notti, oltre a aver trascorso del tempo a lavorare per la comunità. Il Vudú domenicano è meno uniforme rispetto al lignaggio haitiano popolarmente noto chiamato "Assogwe". Esistono molte variazioni regionali nella Repubblica Dominicana e in alcune parti di Haiti, e si troverà sicuramente una struttura di base in tutta l'isola che definisce e collega tutti i lignaggi. Altari o santuari vanno dalle baracche, ai composti o persino ai templi dedicati. Vi sono anche variazioni nel modo in cui vengono condotte le cerimonie o in che modo "caballos" (cavallo dello spirito) può montare un Loa specifico. In conclusione, le differenze dipendono dal lignaggio e / o dalla regione di pratica, non importa se ad Haiti o nella Repubblica Dominicana. Si dice che il Vodou sull'isola sia un grande albero con molti rami.

Vodou haitiano

L'Haitian Vodou è una religione sincretica praticata principalmente ad Haiti e nella diaspora haitiana. I praticanti sono chiamati "vodouists" o "servi degli spiriti".

I voduisti credono in un distante e inconoscibile Creatore Supremo, Bondye (derivato dal termine francese Bon Dieu, che significa "buon Dio"). Secondo i voduisti, Bondye non intercede negli affari umani, e quindi indirizzano il loro culto verso gli spiriti asserviti a Bondye, chiamato loa. Ogni loa è responsabile di un aspetto particolare della vita, con le personalità dinamiche e mutevoli di ogni loa che riflettono le molte possibilità inerenti agli aspetti della vita su cui presiedono. Per navigare nella vita quotidiana, i voduisti coltivano relazioni personali con il loa attraverso la presentazione di offerte, la creazione di altari personali e oggetti devozionali e la partecipazione a elaborate cerimonie di musica, danza e possesso di spirito.

Il vodù ebbe origine nell'attuale Benin e si sviluppò nell'impero coloniale francese nel 18° secolo tra i popoli dell'Africa occidentale che furono ridotti in schiavitù, quando la pratica religiosa africana fu attivamente soppressa e gli africani schiavi furono costretti a convertirsi al cristianesimo. Le pratiche religiose del Vodou contemporaneo sono discese e strettamente correlate al Vodun dell'Africa occidentale praticate da Fon e Ewe. Vodou incorpora anche elementi e simbolismo di altri popoli africani tra cui lo Yoruba e il Kongo; così come le credenze religiose di Taíno, il cattolicesimo romano e la spiritualità europea incluso il misticismo e altre influenze.

Ad Haiti, alcuni cattolici combinano aspetti del cattolicesimo con aspetti del Vodou, una pratica proibita dalla Chiesa e denunciata come diabolica dai protestanti haitiani.

"Vodou" è una parola creola haitiana che in precedenza si riferiva solo a un piccolo sottoinsieme di rituali haitiani. La parola deriva da una parola ayizo che si riferisce a forze o poteri misteriosi che governano il mondo e le vite di coloro che risiedono al suo interno, ma anche a una serie di forme artistiche che funzionano in combinazione con queste energie vodun. Due delle principali popolazioni di lingua di Ayizo sono la pecora e il fon: gli schiavisti europei chiamarono entrambi Arada. Questi due popoli costituirono un numero considerevole della prima popolazione schiavizzata a St. Dominigue. Ad Haiti, i praticanti usano occasionalmente "Vodou" per riferirsi genericamente alla religione haitiana, ma è più comune per i praticanti riferirsi a se stessi come coloro che "servono gli spiriti" partecipando a cerimonie rituali, di solito chiamato un "servizio a il loa" o un" servizio africano". Questi termini si riferiscono anche alla religione nel suo insieme. Al di fuori di Haiti, il termine Vodou si riferisce alla totalità della pratica religiosa tradizionale haitiana.

Storia

Prima del 1685: dall'Africa ai Caraibi

L'area culturale dei popoli Fon, Ewe e Yoruba condivide una comune concezione metafisica di un doppio principio divino cosmologico costituito da Nana Buluku , il Dio- Creatore, e i vodun o Attore di Dio, figlie e figli dei figli gemelli del Creatore Mawu (dea della luna) e Lisa (dio del sole). Il Dio-Creatore è il principio cosmogonico e non scherza con il banale; i vodun sono gli Attori / i di Dio che governano effettivamente le questioni terrene. Il pantheon di Vodoun è piuttosto grande e complesso.

Il Vodun dell'Africa occidentale ha la sua enfasi primaria sugli antenati, con ogni famiglia di spiriti che ha il suo sacerdote e sacerdotessa specializzati, che sono spesso ereditari. In molti clan africani, le divinità potrebbero includere Mami Wata , che sono divinità e dee delle acque; Legba , che in alcuni clan è virile e giovane in contrasto con la forma da vecchio che assume ad Haiti e in molte parti del Togo; Gu (o Ogoun), ferro dominante e fucina; Sakpata , che governa le malattie; e molti altri spiriti distinti a modo loro in Africa occidentale.

Una parte significativa del Vodou haitiano spesso trascurata dagli studiosi fino a poco tempo fa è l'input del Kongo. L'intera area settentrionale di Haiti è fortemente influenzata dalle pratiche di Kongo. Nell'Haiti settentrionale, viene spesso chiamato Kongo Rite o Lemba, dai rituali Lemba dell'area di Loango e Mayombe. Nel sud, l'influenza di Kongo si chiama Petwo (Petro). Molti loa (un termine Kikongo) sono di origine Kongo come Basimba appartenente al popolo Basimba e Lemba.

Inoltre, la religione Vodun (distinta dal Vodou haitiano) esisteva già negli Stati Uniti in precedenza per l'immigrazione haitiana, essendo stata portata dagli schiavi africani occidentali, in particolare dai gruppi Ewe, Fon, Mina, Kabaye e Nago. Alcune delle forme più durature sopravvivono nelle isole Gullah.

Il colonialismo europeo, seguito dai regimi totalitari nell'Africa occidentale, represse Vodun e altre forme di religione. Tuttavia, poiché le divinità Vodun sono nate da ciascun gruppo di clan africano e il suo clero è fondamentale per mantenere l'ordine morale, sociale e politico e le fondamenta ancestrali dei suoi abitanti del villaggio, si è rivelato impossibile sradicare la religione.

1685-1791: Vodou nella coloniale Saint-Domingue

La maggior parte degli africani portati come schiavi ad Haiti proveniva dall'Africa occidentale e centrale. La sopravvivenza dei sistemi di credenze nel Nuovo Mondo è notevole, sebbene le tradizioni siano cambiate nel tempo e abbiano persino assunto alcune forme di culto cattolico. Due fattori importanti, tuttavia, caratterizzano l'unicità del Vodou haitiano rispetto al Vodun africano; gli africani trapiantati di Haiti, simili a quelli di Cuba e del Brasile, furono obbligati a mascherare il loro loa o i loro spiriti come santi cattolici romani, un elemento di un processo chiamato sincretismo.

Due disposizioni chiave del Codice Noir del re Luigi XIV di Francia nel 1685 limitarono fortemente la capacità degli africani schiavizzati a Saint-Domingue di praticare le religioni africane. Primo, il Code Noir proibiva esplicitamente la pratica aperta di tutte le religioni africane. In secondo luogo, ha costretto tutti i possessori di schiavi a convertire i loro schiavi in ??cattolicesimo entro otto giorni dal loro arrivo a Saint-Domingue. Nonostante gli sforzi francesi, gli africani asserviti a Saint-Domingue furono in grado di coltivare le proprie pratiche religiose. Gli schiavi africani hanno trascorso la domenica e le notti di festa esprimendosi. Mentre l'autonomia corporea era rigorosamente controllata durante il giorno di notte, gli schiavi africani esercitavano un certo grado di libero arbitrio. Cominciarono a continuare le loro pratiche religiose, ma usarono anche il tempo per coltivare la comunità e ricollegare i frammenti dei loro vari patrimoni. Questi rimproveri a tarda notte erano una forma di resistenza contro il dominio bianco e creavano anche coesione comunitaria tra persone di etnie molto diverse. Mentre il cattolicesimo veniva usato come strumento di soppressione, gli haitiani ridotti in schiavitù, in parte per necessità, continuavano a incorporare aspetti del cristianesimo nel loro Vodou. Médéric Louis Élie Moreau de Saint-Méry , un osservatore francese che scrisse nel 1797, notò questo sincretismo religioso, commentando che gli altari in stile cattolico e le candele votive usati dagli africani ad Haiti dovevano nascondere la africità della religione, ma la connessione va ben oltre. I Vodounisti hanno sovrapposto santi e figure cattolici all'Iwa / Ioa, grandi spiriti che lavorano come agenti del Grand Met. Alcuni esempi dei principali idoli cattolici reinventati come Iwa sono la Vergine Maria vista come Ezili. Saint Jacques come Ogou e Saint Patrick come Dambala. Le cerimonie e i rituali di Vodou incorporavano anche alcuni elementi cattolici come l'adozione del calendario cattolico, l'uso di acqua santa nei rituali di purificazione, inni di canto e l'introduzione di prestiti latini nel lessico di Vodou.

1791–1804: la rivoluzione haitiana

Vodou era una potente forza politica e culturale ad Haiti. La cerimonia Vodou più storicamente iconica della storia haitiana fu la cerimonia Bois Caïman dell'agosto 1791 che ebbe luogo alla vigilia di una ribellione degli schiavi che precedette la rivoluzione haitiana. Durante la cerimonia lo spirito Ezili Dantor possedeva una sacerdotessa e riceveva un maiale nero come offerta, e tutti i presenti si impegnarono a combattere per la libertà. Mentre si discute se Bois Caiman fosse o meno un rituale Vodou, la cerimonia è stata anche un incontro segreto per appianare i dettagli sulla rivolta. Le cerimonie di Vodou spesso svolgevano una funzione politica secondaria che rafforzava i legami tra le persone schiavizzate fornendo allo stesso tempo spazio per l'organizzazione all'interno della comunità. Vodou ha quindi dato agli schiavi un modo sia di spazio simbolico che fisico di sovversione contro i loro padroni francesi. Leader politici come Boukman Dutty, uno schiavo che aiutò a pianificare la rivolta del 1791, servì anche come leader religioso, collegando la spiritualità Vodou con l'azione politica. Bois Caiman è stato spesso citato come l'inizio della rivoluzione haitiana, ma la rivolta degli schiavi era già stata pianificata con settimane di anticipo, a dimostrazione che la sete di libertà era sempre stata presente. La rivoluzione avrebbe liberato il popolo haitiano dal dominio coloniale francese nel 1804 e stabilito la prima repubblica popolare nera nella storia del mondo e la seconda nazione indipendente nelle Americhe. I nazionalisti haitiani hanno spesso tratto ispirazione immaginando il raduno di unità e coraggio dei loro antenati. Dagli anni '90, alcuni neo-evangelici hanno interpretato la cerimonia politico-religiosa di Bois Caïman come un patto con i demoni. Questa visione estremista non è considerata credibile dai principali protestanti, tuttavia conservatori come Pat Robertson ripetono l'idea.

Vodou nella Haiti del XIX secolo

Il 1° gennaio 1804 l'ex schiavo Jean-Jaqcues Dessalines dichiarò l'indipendenza di St. Domingue come Primo Impero Nero; due anni dopo, dopo il suo assassinio, divenne la Repubblica di Haiti. Questa è stata la seconda nazione a ottenere l'indipendenza dal dominio europeo (dopo gli Stati Uniti) e l'unico stato che è sorto dalla liberazione degli schiavi. Nessuna nazione ha riconosciuto il nuovo stato, che è stato invece accolto con isolamento e boicottaggi. Questa esclusione dal mercato globale ha comportato gravi difficoltà economiche per il nuovo stato. Molti leader della rivolta si dissociarono da Vodou. Hanno cercato di essere accettati come francesi e buoni cattolici piuttosto che come liberi haitiani. Eppure la maggior parte dei praticanti di Vodou ha visto, e continua a vedere, nessuna contraddizione tra Vodou e il cattolicesimo, e prende parte anche alle masse cattoliche.

1835: Vodou resi punibili, società segrete

Il nuovo stato haitiano non riconosceva il Vodou come una religione ufficiale. Nel 1835, il governo rese punibile la pratica del Vodou. Le società segrete di Voodoo hanno quindi continuato ad essere importanti. Queste società hanno anche fornito ai poveri protezione e solidarietà contro l'esercizio del potere da parte dell'élite. Avevano i loro simboli e codici.

20° secolo ad oggi

Oggi, il Vodou è praticato non solo dagli haitiani, ma dagli americani e da persone di molte altre nazioni che sono state esposte alla cultura haitiana. Forme creole haitiane di Vodou esistono ad Haiti, nella Repubblica Dominicana, a Cuba, in alcune delle isole esterne delle Bahamas , negli Stati Uniti e in altri luoghi in cui gli haitiani sono immigrati. C'è stata una riemersione delle tradizioni Vodun negli Stati Uniti, mantenendo gli stessi elementi rituali e cosmologici dell'Africa occidentale. Queste e altre religioni diasporiche africane, come Lukumi o Regla de Ocha (anche conosciuta come Santería) a Cuba, e Candomblé e Umbanda in Brasile, si sono evolute tra i discendenti di africani trapiantati nelle Americhe.

L'ex presidente di Haiti François Duvalier (noto anche come Papa Doc) ha avuto un ruolo nell'elevare lo status di Vodou in una dottrina nazionale. Duvalier era coinvolto nel movimento noirisme e sperava di rivalutare le pratiche culturali che avevano le loro origini in Africa. Duvalier manipolò Vodou per soddisfare i suoi scopi durante il suo regno del terrore. Organizzò i sacerdoti Vodou nelle campagne e li fece avanzare nella sua agenda, instillando paura promuovendo la convinzione di avere poteri soprannaturali che giocano nel misticismo della religione.

Molti haitiani coinvolti nella pratica del Vodou sono stati iniziati come Houngan o Mambos. Nel gennaio 2010, dopo il terremoto di Haiti, furono organizzate cerimonie tradizionali per placare gli spiriti e cercare la benedizione degli antenati per gli haitiani. Anche una "cerimonia di purificazione" era prevista per Haiti.

Polemiche dopo il terremoto del 2010

Dopo il terremoto di Haiti del 2010, ci sono stati attacchi verbali e fisici contro i praticanti di vodù ad Haiti perpetrati da coloro che ritenevano che i vodouisti fossero parzialmente responsabili del disastro naturale. Inoltre, durante un'epidemia di colera nel 2010 diversi sacerdoti Vodou sono stati linciati da mob che credevano che stessero diffondendo la malattia. A causa del sincretismo religioso tra cattolicesimo e vodù, è difficile stimare il numero di vodouisti ad Haiti. La CIA attualmente stima che circa il 50% della popolazione di Haiti pratica il Vodou, con quasi tutti i Vodouisti che partecipano a una delle denominazioni cristiane di Haiti.

Voodoo Lousiano

Il Voodoo della Louisiana, noto anche come Voodoo di New Orleans, descrive un insieme di folklori spirituali sviluppati dalle tradizioni della diaspora africana in Louisiana. A volte viene indicato come Voodoo Valley Mississippi quando si riferisce alla sua popolarità storica e sviluppo nella grande valle del Mississippi. È una forma culturale delle religioni afroamericane sviluppata dalle popolazioni dell'Africa centrale e occidentale dello stato americano della Louisiana, sebbene i suoi praticanti non siano esclusivamente di origine africana. Il voodoo è una delle tante incarnazioni di folclore spirituali con base in Africa, radicate nel Dahomeyan Vodun dell'Africa occidentale. La sua lingua liturgica è il creolo della Louisiana, una delle due principali lingue del patrimonio (l'altra è il francese della Louisiana) del popolo creolo della Louisiana.

Il voodoo divenne sincretizzato con la cultura cattolica e francofona di New Orleans a seguito dell'oppressione culturale africana nella regione come parte del commercio di schiavi nell'Atlantico. Louisiana Voodoo è spesso confuso con - ma non è completamente separabile da - Haitian Vodou e Deep Southern Hoodoo. Si differenzia dal Vodou haitiano nella sua enfasi sul gris-gris, sulle regine Voodoo, sull'uso degli accessori Hoodoo e su Li Grand Zombi. Fu attraverso il Louisiana Voodoo che termini come gris-gris (un termine Wolof) e "bambole Voodoo" ' furono introdotti nel lessico americano.

Influenze africane originali

Il voodoo fu portato nella Louisiana francese durante il periodo coloniale da schiavi africani sub-sahariani dell'Africa occidentale. Dal 1719 al 1731, la maggior parte dei prigionieri africani portò e rese schiava in Louisiana era gente Fon di quello che oggi è il Benin; altri gruppi come Bambara, Mandinga, Wolof, Ewe, Fulbe, Fon (Dahomean), Yoruba (Nago), Chamba, Congo, Ibo, Ado, Hausa e Sango (Hall) hanno portato anche le loro pratiche culturali, lingue e religiose credenze radicate nello spirito e nell'adorazione degli antenati. Tutti i gruppi hanno contribuito allo sviluppo del Louisiana Voodoo. La loro conoscenza di erbe, veleni e la creazione rituale di amuleti e amuleti, intesa a proteggere se stessi o danneggiare gli altri, è diventata elementi chiave del Voodoo della Louisiana. Molti Fon furono anche portati come schiavi nella colonia francese di Saint-Domingue nel Mar dei Caraibi. Louisiana Voodoo esiste dai primi anni del 1700.

La comunità schiavizzata superò rapidamente i coloni europei bianchi. La colonia francese non era una società stabile quando arrivarono gli schiavi sub-sahariani schiavi e gli africani sub-sahariani appena arrivati ??dominavano la comunità degli schiavi. Secondo un censimento del 1731-1732, il rapporto tra schiavi dell'Africa sub-sahariana e coloni europei era più di due a uno. Un numero relativamente piccolo di coloni erano piantatori e proprietari di schiavi, proprietari di piantagioni di zucchero con lavori che richiedevano grandi forze di lavoro. Poiché gli africani erano tenuti in grandi gruppi relativamente isolati dall'interazione con i bianchi, la loro conservazione delle pratiche e della cultura indigene africane era resa possibile. Nell'alto Sud e in altre parti dell'America coloniale britannica, le famiglie di schiavi erano generalmente divise; un gran numero di schiavi africani che una volta erano strettamente legati dalla famiglia o dalla comunità furono inviati in diverse piantagioni. Tuttavia, nel sud della Louisiana, le famiglie, le culture e le lingue sono state mantenute più intatte rispetto al nord. Ciò ha permesso alle tradizioni culturali, alle lingue e alle pratiche religiose degli schiavi di continuare lì.

In base al codice francese e all'influenza del cattolicesimo, i funzionari hanno riconosciuto nominalmente gruppi familiari, vietando la vendita dei bambini schiavi lontano dalle loro famiglie se di età inferiore ai quattordici anni. Hanno promosso la leggenda artificiale di wake tuko della popolazione asservita. L'elevata mortalità della tratta degli schiavi ha unito i suoi sopravvissuti a un senso di solidarietà e iniziazione. L'assenza di frammentazione nella comunità asservita, insieme al sistema di parentela prodotto dal legame creato dalle difficoltà della schiavitù, ha portato a una "comunità asservita coerente, funzionale, ben integrata, autonoma e sicura di sé".

La pratica di creare e indossare ciondoli e amuleti per la protezione, la guarigione o il danno degli altri era un aspetto chiave del Voodoo della Louisiana. L' Ouanga , un incantesimo usato per avvelenare un nemico, conteneva le radici tossiche dell'albero di Figuier Maudit , portato dall'Africa e conservato in Louisiana. La radice tritata è stata combinata con altri elementi, come ossa, chiodi, radici, acqua santa, candele sante, incenso santo, pane santo o crocifissi. L'amministratore del rituale ha spesso evocato la protezione di Geova e Gesù Cristo. Questa apertura della credenza africana ha permesso l'adozione di pratiche cattoliche nel Voodoo della Louisiana.

Un altro elemento portato dall'Africa occidentale è stata la venerazione degli antenati e la conseguente enfasi sul rispetto per gli anziani. Per questo motivo, il tasso di sopravvivenza tra le persone anziane asservite era alto, ulteriormente "Africano la cultura creola della Louisiana".

Popolarità nella valle del Mississippi

Le pratiche vudù non erano presenti solo in Louisiana ma in tutta la valle del Mississippi. Le notizie sulle cerimonie voodoo popolari risalgono al 1849 in Ohio e al 1891 nel nord del Missouri. Nonostante la somiglianza generale, sono state notate alcune differenze tra il voodoo praticato nella Lower Mississippi Valley e la Upper Mississippi Valley. Nell'Alta valle del Mississippi sembrava esistere un diverso pantheon di divinità, ciò è dedotto dall'evidenza del culto di un dio di nome "Samunga" che non è mai stato presente nel Voodoo della Louisiana.

Voodoo dopo la rivoluzione haitiana

Dopo l'inizio della rivoluzione haitiana nel 1791, le vite dei praticanti voodoo nelle colonie nordamericane divennero più difficili. A causa della rivoluzione avviata da schiavi che erano presumibilmente posseduti da una divinità durante un rituale Vodou, i coloni francesi divennero aggressivi nel tentativo di sopprimere i rituali Voodoo come precauzione contro le rivolte.

A differenza delle loro controparti haitiane, gli schiavi in ??Louisiania non si ribellarono in gran numero contro i loro padroni di schiavi. Invece, i seguaci di Voodoo hanno usato amuleti e ciondoli nella loro vita quotidiana. Le persone li usavano principalmente per la guarigione, la protezione, la guida e per mantenere una connessione con i loro cari. Alcuni incantesimi venivano usati per ferire i nemici e riguardavano gli inganni delle maledizioni.

Influenza dei leader Voodoo

L' Embargo Act degli Stati Uniti del 1808 pose fine a tutte le importazioni legali di schiavi africani negli Stati Uniti. Le regine di voodoo erano note per esercitare un grande potere nelle loro comunità e avevano il ruolo di condurre molte riunioni cerimoniali e danze rituali. Questi hanno attirato folle di centinaia e migliaia di persone. Erano considerati praticanti che si guadagnavano da vivere vendendo e amministrando amuleti o amuleti "gris-gris" e polveri magiche, nonché incantesimi e incantesimi che garantivano "curare disturbi, concedere desideri e confondere o distruggere i nemici".

Il loro potere e influenza erano diffusi e in gran parte incontestabili. È stato riconosciuto da giornalisti, giudici, criminali e cittadini. Queste donne di origine africana e creola sono emerse come potenti leader in una società che sosteneva un regime schiavo oppressivo e una dicotomia di libertà tra neri e bianchi. La loro influenza era anche legata alla storia antica della città, in cui "una carenza di donne bianche ha provocato un elevato numero di collegamenti interrazziali". Come in altre comunità coloniali francesi, si sviluppò una classe di persone libere di colore a cui furono concessi diritti specifici e, a New Orleans, acquisirono proprietà e istruzione. Le donne libere di colore esercitavano un'influenza relativamente elevata, in particolare quelle che erano leader spirituali. Inoltre, le tradizioni religiose nell'Africa occidentale e centrale, da cui derivano molte usanze vudù, prevedevano che le donne esercitassero un potere straordinario.

Marie Laveau

Tra le quindici "regine voodoo" nei quartieri sparsi per New Orleans nel XIX secolo, Marie Laveau era conosciuta come "la regina voodoo", la più eminente e potente di tutte. Il suo rito religioso sulle rive del lago Pontchartrain alla vigilia di San Giovanni nel 1874 attirò circa 12.000 New Orleans bianchi e neri. Si diceva che politici, avvocati, uomo d'affari, piantatrici benestanti, venissero tutti da lei per consultarsi prima di prendere un'importante decisione finanziaria o commerciale. Vide anche i poveri e ridotti in schiavitù. Sebbene il suo aiuto sembrasse non discriminatorio, avrebbe potuto favorire i servi schiavi: i suoi "clienti più influenti e benestanti ... schiavi in ??fuga ... hanno accreditato le loro riuscite evasioni ai potenti incantesimi di Laveaux". Una volta che la notizia dei suoi poteri si diffuse, dominò gli altri leader Voodoo di New Orleans. Anche cattolica, Laveau ha incoraggiato i suoi seguaci a partecipare alla messa cattolica. La sua influenza ha contribuito all'adozione delle pratiche cattoliche nel sistema di credenze vudù. Marie Laveau è ricordata per la sua abilità e compassione per i meno fortunati.

Laveau ha anche acquisito influenza sulla sua clientela grazie al suo lavoro di parrucchiere, che le ha dato una profonda conoscenza del gossip in città. I suoi clienti venivano anche da lei per comprare bambole voodoo, pozioni, borse gris-gris e simili. La sua influenza continua in città. Nel 21 ° secolo, la sua tomba nel più antico cimitero è una grande attrazione turistica; i credenti del Voodoo offrono regali qui e pregano il suo spirito.

Dall'altra parte della strada dal cimitero dove è sepolto Laveau, le offerte di torta di libbra sono lasciate alla statua di Saint Expedite ; si ritiene che queste offerte accelerino i favori richiesti alla regina Voodoo. Saint Expedite rappresenta lo spirito tra vita e morte. La cappella dove si trova la statua era un tempo utilizzata solo per contenere i funerali. Marie Laveau continua ad essere una figura centrale del Voodoo della Louisiana e della cultura di New Orleans. I giocatori d'azzardo gridano il suo nome quando lanciano dadi e sono state raccontate più storie di avvistamenti della regina Voodoo.

Dottor John

Il dottor John, noto anche come Bayou John e Prince John, è nato in Senegal e rapito come schiavo prima di diventare un importante re voodoo alla fine del XIX secolo (1800) a New Orleans. Ha portato la conoscenza dell'imbarcazione dal suo paese d'origine, il Senegal. Si unì a una già famosa comunità voodoo che esisteva a New Orleans sin dai primi anni del 1700 sviluppata da gruppi di schiavi africani come Bambara, Mandinga, Wolof, Ewe, Fulbe, Nard, Mina, Fon (Dahomean), Yoruba (Nago), Chamba, Congo, Ibo, Ado, Hausa e Sango (Hall). I precedenti nativi del Senegal erano già stati ridotti in schiavitù a New Orleans nel 1720.

Attraverso il lavoro del dottor John sugli aspetti medicinali del Voodoo, ha guadagnato una reputazione per essere un eccellente guaritore. Alcuni rapporti sono arrivati ??al punto di affermare che aveva la capacità di rianimare i pazienti sull'orlo della morte attraverso i suoi rituali. Questo è uno dei primi resoconti Voodoo sulla rianimazione, che porta al mito degli zombi in Louisiana.

Influenza successiva del Vodou di Haiti

Nato nel 1937 ad Haiti, Fred Staten si trasferì con la famiglia a New Orleans da bambino, dove fu allevato dai nonni, anch'egli di origine haitiana. Suo nonno era un ministro battista praticante. Quando era giovane, i suoi nonni gli dissero che era di origini reali africane e aveva abilità soprannaturali. Il suo vero nome fu rivelato essere il principe Ke'eyama. Papa John Bayou gli ha insegnato i modi del Voodoo haitiano. Da giovane, Staten ha fatto molti viaggi nelle comunità vudù ad Haiti e negli Stati Uniti per saperne di più sull'arte Staten, o Prince, divenne Papa Midnight e si stabilì definitivamente a New Orleans negli anni '70. Ha sviluppato il suo personaggio di Chicken Man, esibendosi in spettacoli da discoteca che esprimono la sua forte connessione spirituale con Dio e il voodoo. La sua esibizione includeva balli, magia e mordere la testa di un pollo vivo e bere il suo sangue. Ha attratto migliaia di seguaci, ma alcuni altri praticanti di voodoo lo hanno visto semplicemente come uno "showman". Fu adorato come un sacerdote Voodoo fino alla sua misteriosa morte all'inizio del 1998. Le sue ceneri furono donate al Tempio Spirituale Voodoo.

Credenze e Pratiche

Il canto è tra i rituali importanti come parte dell'adorazione vudù. Le canzoni sono state tramandate oralmente per centinaia di anni. Le canzoni sarebbero state accompagnate da battiti, battiti di mani e battiti dei piedi, ma non suonando la batteria, a meno che non facesse parte della cerimonia pubblica settimanale in Congo Square a New Orleans durante i periodi di schiavitù. Le canzoni sono cantate per dare descrizioni di personalità per le divinità, come i loro nomi, simpatie e antipatie, origine, responsabilità, punti di forza e debolezze. A volte le canzoni sono cantate in indirizzo alle divinità, a volte come se stesse stesse parlando (o cantando). Molte canzoni rispecchiano le melodie della Chiesa cattolica e associano i santi cattolici alle divinità africane.ci sono solo due modi in cui una nuova canzone verrebbe aggiunta al repertorio vudù. Il primo è se qualcuno ha ascoltato la canzone in un sogno, poiché si ritiene che questa sia la rivelazione dello spirito. Un secondo esempio è se una persona è in una trance posseduta e chiede alle persone intorno a loro di cantarla e di memorizzarla, quando si considera che provenga direttamente da uno spirito. Ci sono quattro fasi per un rituale voodoo, tutte identificabili dalla canzone cantata; preparazione, invocazione, possesso e addio. Le canzoni sono usate per aprire la porta tra le divinità e il mondo umano e invitare gli spiriti a possedere qualcuno.

Louisiana Voodoo e Christianesimo

Come risultato della fusione della cultura francofona e del voodoo in Louisiana, i creoli di colore associarono molti spiriti voodoo ai santi cristiani noti per presiedere allo stesso dominio. Sebbene alcuni leader dottrinari di ogni tradizione credano che il Voodoo e le pratiche cattoliche siano in conflitto, nella cultura popolare si ritiene che sia i santi che gli spiriti agiscano come mediatori, con il sacerdote cattolico o il voodoo Legba che presiede specifiche attività rispettive. I primi seguaci di Voodoo negli Stati Uniti adottarono l'immagine dei santi cattolici per rappresentare i loro spiriti. Altre pratiche cattoliche adottate nel Voodoo della Louisiana includono la recitazione dell'Ave Maria e della preghiera del Signore. Mentre il Voodoo è praticato tra la popolazione cattolica della Louisiana del sud, i protestanti del sud (che rappresentano la maggioranza della popolazione nella Louisiana del nord e nel sud americano nel suo insieme) hanno maggiori probabilità di praticare Hoodoo che Voodoo.

Nel 1800 i quotidiani della Louisiana in genere descrivevano le pratiche del Voodoo in modo negativo. Descrivevano voci su sacrifici di animali, zombi e spiriti, storie sensazionali di atti depravati che il Voodoo aveva spinto i neri a commettere. Questa rappresentazione di Voodoo ha contribuito al concetto di neri come primitivi superstiziosi.

Hoodoo

Molte superstizioni riguardavano anche la pratica di Hoodoo, sviluppata nell'ambito della tradizione Voodoo in Louisiana. Mentre queste superstizioni non sono centrali nella fede del Voodoo, la loro nascita è stata in parte il risultato della tradizione Voodoo a New Orleans e da allora l'ha influenzata in modo significativo.

Nell'erboristeria di Hoodoo, il " rimedio " era molto popolare tra i seguaci. Il rimedio era una miscela di Hoodoo che poteva risolvere tutti i problemi. Il sistema di guarigione a base di erbe di Hoodoo includeva una varietà di ingredienti per la cura di tutti; una ricetta era mescolare l'erba jimson con zolfo e miele. La miscela è stata posta in un bicchiere, che è stato strofinato contro un gatto nero, e poi la miscela è stata lentamente sorseggiata.

La bambola Hoodoo è una forma di gris-gris e un esempio di magia simpatica. Contrariamente alla credenza popolare, le bambole Hoodoo sono generalmente utilizzate per benedire e non hanno il potere di imprecare. Secondo Jerry Gandolfo, lo scopo di attaccare gli spilli nella bambola non è quello di causare dolore alla persona associata, ma piuttosto di fissare un'immagine di una persona o un nome alla bambola, che tradizionalmente rappresenta uno spirito. Il gris-gris viene eseguito da una delle quattro categorie: amore; potere e dominio; fortuna e finanza; e non incrociato.

I professionisti del Hoodoo hanno usato diversi strumenti nel corso della storia della pratica per risolvere i disturbi dei loro clienti. Il nome generico per gli articoli è gris-gris . Gli esempi includono: Five Finger Grass, Dragon Blood Sticks, Dixie Love Perfume e Brimstone. Le spiegazioni in un libro del 1946 affermavano che Five Finger Grass era una foglia divisa in cinque sezioni. La convinzione era che se appeso nella propria casa, avrebbe scongiurato ogni male. Si diceva che i Blood Blood Sticks portassero fortuna in denaro, affari e amore. Tenendo un bastone vicino a una persona si diceva che portasse fortuna. Dixie Love Perfume è stato notato per una fragranza che incoraggia il romanticismo. Lo zolfo è usato per tenere lontani gli spiriti maligni e per contrastare gli incantesimi lanciati sulle famiglie, ed è stato bruciato in stanze che necessitavano di deodorazione. Questi erano tradizionalmente disponibili nei negozi locali.

L'utente doveva spesso eseguire ulteriori passaggi in un processo prima di utilizzare tali elementi, come lavarsi le mani in "Estratto di due jack". Solo i negozi di cappe sono noti per vendere queste forniture. Si riteneva che molti praticanti di voodoo avessero paura di questi oggetti da hoodoo.

Nel sud americano, il hoodoo è praticato principalmente dai cristiani protestanti.

Voodoo e Spiritualismo

Le chiese spiritiste di New Orleans onorano lo spirito di Black Hawk, un capo di guerra di Sauk che ebbe un'influenza nell'Illinois e nel Wisconsin dell'inizio del XIX secolo. La religione spiritista di New Orleans è una miscela di spiritualismo, vodun, cattolicesimo e pentecostalismo. Le chiese spiritualiste influenzate dal voodoo che sopravvivono a New Orleans sono il risultato del sincretismo di queste e altre pratiche spirituali.

Vodun dell'Africa occidentale

Il Vudù africano è praticato dal popolo Fon del Benin, e del sud e Togo centrale; anche in Ghana e Nigeria.

La cosmologia ruota attorno agli spiriti vodun e ad altri elementi dell'essenza divina che governano la Terra, una gerarchia che spazia al potere dalle principali divinità che governano le forze della natura e della società umana agli spiriti dei singoli corsi d'acqua, alberi e rocce, nonché dozzine di etnici vodun, difensori di un certo clan, tribù o nazione. I vodun sono il centro della vita religiosa. Le somiglianze percepite con le dottrine cattoliche romane come l'intercessione di santi e angeli permisero a Vodun di apparire compatibile con il cattolicesimo e aiutarono a produrre religioni sincretiche come il Vodou haitiano. Gli aderenti sottolineano anche il culto degli antenati e sostengono che gli spiriti dei morti vivono fianco a fianco con il mondo dei vivi, ogni famiglia di spiriti ha il proprio sacerdozio femminile, a volte ereditario quando si passa da madre a figlia di sangue.

I modelli di adorazione seguono vari dialetti, spiriti, pratiche, canzoni e rituali. Il Creatore divino, chiamato variamente Mawu o Mahu, è un essere femminile. È una donna anziana e di solito una madre che è gentile e indulgente. È anche vista come il dio che possiede tutti gli altri dei e anche se non c'è un tempio fatto in suo nome, la gente continua a pregarla, specialmente in tempi di angoscia. In una tradizione, ha avuto sette figli. Sakpata: Vodun of the Earth, Xêvioso (o Xêbioso): Vodun of Thunder, anche associato a Divine Justice , Agbe: Vodun of the Sea, Gû: Vodun of Iron and War, Agê: Vodun of Agriculture and Forests, Jo: Vodun of Air e Lêgba: Vodun of the Imprevedible.

Il Creatore incarna un duplice principio cosmogonico di cui Mawu la luna e Lisa il sole sono rispettivamente gli aspetti femminile e maschile, spesso rappresentati come i figli gemelli del Creatore. Lisa è la divinità solare che porta il giorno e il caldo, e anche la forza e l'energia. Mawu, la dea della luna, offre il fresco della notte, la pace, la fertilità e la pioggia. Per dare questo in un aspetto sommato, un proverbio dice "Quando Lisa punisce Mawu perdona.

Legba è spesso rappresentato come un fallo o come un uomo con un fallo prominente. Conosciuto come il figlio più giovane di Mawu, è il capo di tutte le divinità Vodun; nel suo ritratto diasporico, si ritiene che Legba sia un uomo molto anziano che cammina con le stampelle. Invecchiando è visto come saggio, ma se visto da bambino è uno che è ribelle. È solo attraverso il contatto con Legba che diventa possibile contattare gli altri dei, poiché è il guardiano alla porta degli spiriti. Dan, che è il figlio androgino di Mawu, è rappresentato come un serpente arcobaleno, e doveva rimanere con lei e fungere da intermediario con le altre sue creazioni. Come mediatore tra gli spiriti e i vivi, Dan mantiene l'equilibrio, l'ordine, la pace e la comunicazione.

Altre popolari Lwa , o entità spirituali, includono Azaka che governa l'agricoltura, Erzuli ha dominio sull'amore e Ogoun che è responsabile della guerra, della difesa e che fa la guardia.

Tutta la creazione è considerata divina e quindi contiene il potere del divino. Questo è il modo in cui le medicine come i rimedi a base di erbe sono comprese e spiega l'uso diffuso di oggetti banali nel rituale religioso. I talismani vodun, chiamati " feticci ", sono oggetti come statue o animali secchi o parti umane che vengono venduti per le loro proprietà curative e rigeneranti spiritualmente. In particolare, sono oggetti abitati da spiriti. Le entità che abitano un feticcio sono in grado di svolgere compiti diversi in base al loro stadio di sviluppo. Gli oggetti fetish sono spesso combinati insieme nella costruzione di "santuari", usati per evocare specifici vodun e i loro poteri associati.

Sacerdotesse

La regina madre è la prima figlia di un lignaggio matriarcale di un collettivo familiare. Ha il diritto di condurre le cerimonie che incombono al clan: matrimoni, battesimi e funerali. È uno dei membri più importanti della comunità. Condurrà le donne di un villaggio quando il suo collettivo familiare è quello dominante. Prendono parte all'organizzazione e alla gestione dei mercati e sono anche responsabili del loro mantenimento, che è di vitale importanza perché i mercati sono i punti focali delle riunioni e dei centri sociali nelle loro comunità. In passato, quando gli uomini dei villaggi andavano in guerra, le Queen Mothers conducevano cerimonie di preghiera in cui tutte le donne partecipavano ogni mattina per garantire il sicuro ritorno dei loro uomini.

L'alta sacerdotessa è la donna scelta dall'oracolo per prendersi cura del convento. Le sacerdotesse, come i sacerdoti, ricevono una chiamata da un oracolo, che può arrivare in qualsiasi momento della loro vita. Si uniranno quindi al convento del loro clan per seguire le istruzioni spirituali. È anche un oracolo che designerà il futuro sommo sacerdote e alta sacerdotessa tra le nuove reclute, stabilendo un ordine di successione all'interno del convento. Solo i parenti di sangue erano ammessi nel convento familiare; gli estranei sono vietati. Nei giorni nostri, tuttavia, alcune regole sono state modificate, consentendo ai membri non familiari di entrare in quella che viene descritta come la prima cerchia di adorazione. Agli estranei è permesso adorare solo gli spiriti del pantheon standard.

Demografia

Circa il 17% della popolazione del Benin, circa 1,6 milioni di persone, seguono Vodun. Inoltre, molti del 41,5% della popolazione che si definisce "cristiana" pratica una religione sincretizzata, non dissimile dal Vodou haitiano o dal Candomblé brasiliano; infatti, molti di loro discendono da schiavi brasiliani liberati che si stabilirono sulla costa vicino a Ouidah.

In Togo, circa la metà della popolazione pratica religioni indigene, di cui Vodun è di gran lunga la più grande, con circa 2,5 milioni di seguaci; potrebbe esserci un altro milione di vodunisti tra le pecore del Ghana, poiché un 13% della popolazione totale del Ghana di 20 milioni è costituita da pecore e il 38% dei ghanesi pratica la religione tradizionale. Secondo i dati del censimento, circa 14 milioni di persone praticano la religione tradizionale in Nigeria, la maggior parte dei quali è Yoruba praticante Ifá , ma non è disponibile alcuna ripartizione specifica.

Il colonialismo europeo, seguito da alcuni dei regimi totalitari nell'Africa occidentale, hanno cercato di sopprimere Vodun e altre religioni tradizionali. Tuttavia, poiché le divinità vodun sono nate per ogni clan, tribù e nazione, e il loro clero è fondamentale per mantenere l'ordine morale, sociale e politico e le basi ancestrali del suo villaggio, questi sforzi non hanno avuto successo. Di recente ci sono state misure per ripristinare il posto di Vodun nella società nazionale, come una Conferenza annuale internazionale di Vodun che si è tenuta nella città di Ouidah, in Benin, che si è tenuta dal 1991.

Credenze

Il Vodou è popolarmente descritto come non semplicemente una religione, ma piuttosto un'esperienza che lega corpo e anima. Il concetto di legare che esiste nella cultura religiosa haitiana deriva dalla tradizione congolese del kanga, la pratica di legare la propria anima a qualcosa di tangibile.

Questo "legame di anima" è evidente in molte pratiche di vodù haitiane che sono ancora esercitate oggi.

Spiriti

I vodouisants credono in un Dio Supremo chiamato Bondye, dal francese (Bon Dieu = Buon Dio). Quando entrò in contatto con il cattolicesimo romano, il Creatore supremo era associato al Dio cristiano e al loa associato ai santi.

Loa

Poiché Bondye (Dio) è considerato irraggiungibile, i Vodouisants indirizzano le loro preghiere verso entità minori, gli spiriti noti come loa o mistè. I loa più noti includono Papa Legba (guardiano dell'incrocio), Erzulie Freda (lo spirito dell'amore), Simbi (lo spirito della pioggia e dei maghi), Kouzin Zaka (lo spirito dell'agricoltura) e The Marasa, gemelli divini considerati sii il primo figlio di Bondye.

Questi loa possono essere divisi in 21 nazioni, tra cui Petro, Rada, Congo e Nago.

Ognuno dei loa è associato a un particolare santo cattolico romano. Ad esempio, Legba è associata a Sant'Antonio Eremita e Damballa è associata a San Patrizio.

Il loa rientra anche in gruppi familiari che condividono un cognome, come Ogou , Ezili , Azaka o Ghede . Ad esempio, "Ezili" è una famiglia, Ezili Danto ed Ezili Freda sono due spiriti individuali in quella famiglia. Ogni famiglia è associata a un aspetto specifico, ad esempio la famiglia Ogou è una donna soldata, l'Ezili governa le sfere della vita femminile, l'Azaka governa l'agricoltura, la Ghede governa la sfera della morte e della fertilità.

Cosmologia

La cosmologia vuduista si presenta come estremamente complessa e ricca.

Il Vudù postula l'esistenza di una divinità suprema, forse concepita sulla base del Dio cristiano, che nella tradizione africana sarebbe indicato con nomi quali Mawu, Olorun o Gran Met (dal francese Grand Maître, ovvero "Grande Maestro"), ma questa divinità suprema, se esiste, è lontana e inconoscibile.

Gli elementi sovrannaturali con cui l'uomo può interagire, e che rappresentano le divinità percepibili del vudù, sono i loa, spiriti collettivi, in grado di presiedere a diversi fenomeni, di cui acquisiscono le qualità.

Ad esempio il loa Papa Legba è raffigurato come un vecchio ad un crocevia, e il suo dominio sono le strade, i passaggi e la comunicazione. In quanto tale viene invocato sempre per primo durante i riti vudù, perché accolga la preghiera di aprire i canali attraverso cui gli altri loa, specifici per ogni problema, potranno recepire le preghiere dei fedeli. Per queste qualità è associato, e spesso venerato, nelle sembianze del San Pietro della tradizione cristiana.

Papa Ghede è la somma collettiva degli spiriti dei morti e contemporaneamente l'oltretomba in cui risiedono gli stessi spiriti dei morti, che possono essere interrogati attraverso di lui.

Altri loa particolarmente caratteristici sono Erzulie (associata alla fertilità, e mutuata sull'immagine della Madonna cristiana), Ogoun (associato al denaro e al potere terreno in ogni sua forma), Damballa (il Serpente del Cielo).

I loa, detti anche 'cavalieri divini', durante i rituali possono possedere (o 'cavalcare') i fedeli predisposti alla possessione. I posseduti acquistano le movenze e i manierismi dei loa, e spesso in seguito riferiscono di non ricordare nulla di quanto hanno detto o fatto.

Miti e idee sbagliate

Il vodou è stato spesso associato nella cultura popolare al satanismo, alla stregoneria, agli zombi e alle "bambole voodoo".La creazione di zombi è stata citata nella cultura haitiana rurale, ma non fa parte del Vodou. Tali manifestazioni cadono sotto gli auspici del bokor o dello stregone, piuttosto che del sacerdote del loa. La pratica di attaccare le spille nelle bambole voodoo ha una storia nella magia popolare. Le "bambole voodoo" sono spesso associate a Voodoo e Hoodoo di New Orleans, nonché ai dispositivi magici del papavero e del nkisi o bocio dell'Africa occidentale e centrale.

La paura generale di Vodou negli Stati Uniti può essere fatta risalire alla fine della Rivoluzione haitiana (1791-1804). C'è una leggenda secondo cui gli haitiani furono in grado di battere i francesi durante la rivoluzione haitiana perché le loro divinità Vodou li rendevano invincibili. Gli Stati Uniti, vedendo l'enorme potenziale che Vodou aveva per radunare i suoi seguaci e incitarli all'azione, temevano gli eventi a Bois Caïmanpotrebbe rovesciarsi sul suolo americano. Dopo la rivoluzione haitiana molti haitiani fuggirono come rifugiati a New Orleans. Gli haitiani liberi e ridotti in schiavitù che si trasferirono a New Orleans portarono con sé le loro credenze religiose e rinvigorirono le pratiche Voodoo che erano già presenti in città. Alla fine, Voodoo a New Orleans si nascose e le componenti magiche rimasero presenti nella sfera pubblica. Questo ha creato quello che viene chiamato hoodoo nella parte meridionale degli Stati Uniti. Poiché il hoodoo è una magia popolare, il Voodoo e le religioni afro-diasporiche negli Stati Uniti sono diventati sinonimo di frode. Questa è un'origine dello stereotipo che haitian Vodou, New Orleans Voodoo e hoodoo sono tutti trucchi usati per fare soldi con il credulone.

Le élite hanno preferito vederlo come un folklore nel tentativo di renderlo relativamente innocuo come una curiosità che potrebbe continuare a ispirare musica e danza.

Temendo una rivolta in opposizione all'occupazione americana di Haiti (1915-1934), le élite politiche e religiose, insieme a Hollywood e all'industria cinematografica, cercarono di banalizzare la pratica di Vodou. Hollywood descrive spesso il Vodou come un male e ha legami con le pratiche sataniche in film come White Zombie, The Devil's Advocate, The Blair Witch Project, The Serpent and the Rainbow, Child's Play, Live and Let Die, e in film per bambini come The Princess and la Rana, sebbene quest'ultimo esempio abbia contrastato questo trope con una sacerdotessa voodoo che aiuta i personaggi principali.

Nel 2010, un terremoto di 7.0 che ha devastato Haiti ha attirato l'attenzione negativa su Vodou. Il televangelista Pat Robertson dichiarò che il paese si era maledetto dopo gli eventi di Bois Caïman, poiché sosteneva di essersi impegnato in pratiche sataniche nella cerimonia precedente la Rivoluzione haitiana. "Erano sotto il tallone dei francesi, sai, Napoleone terzo e quant'altro. E si radunarono e giurarono un patto al diavolo. Dissero: "Ti serviremo se ci libererai dal principe". Storia vera. E così il diavolo disse: "Ok, è un affare." E cacciarono i francesi. Gli haitiani si ribellarono e ottennero qualcosa da soli. Ma da allora sono stati maledetti da una cosa dopo l'altra."

Moralità

Il codice morale di Vodou si concentra sui vizi di disonore e avidità. C'è anche una nozione di proprietà relativa - e ciò che è appropriato per qualcuno con Dambala Wedo come capo potrebbe essere diverso da qualcuno con Ogou Feray come capo. Ad esempio, uno spirito è molto bello e l'altro è molto caldo. La freddezza generale è apprezzata, così come la capacità e l'inclinazione di proteggere se stessi e la propria, se necessario. L'amore e il sostegno all'interno della famiglia della società Vodou sembrano essere le considerazioni più importanti. Anche la generosità nel dare alla comunità e ai poveri è un valore importante. Le benedizioni di uno arrivano attraverso la comunità e si dovrebbe essere disposti a restituire. Non ci sono "solitari" a Vodou, solo persone separate geograficamente dai loro anziani e dalla casa. Una persona senza una relazione di qualche tipo con gli anziani non pratica il Vodou come è compreso in Haiti e tra gli haitiani; inoltre, il Vodou haitiano sottolinea la "totalità dell'essere" non solo con gli anziani e il mondo materiale, ma anche l'unità con le forze interconnesse della natura.

Esiste una varietà di pratiche Vodou attraverso il paese di Haiti e la diaspora di Haiti. Ad esempio, nel nord di Haiti, il lave tèt ("lavaggio della testa") o kanzwe potrebbe essere l'unica iniziazione, come lo è nella Repubblica Dominicana, a Cuba e a Porto Rico, mentre a Port-au-Prince e a sud praticano i riti di kanzo con tre gradi di iniziazione - kanzo senp, si pwen e asogwe - e quest'ultimo è il metodo di pratica più familiare fuori da Haiti. Alcuni lignaggi combinano entrambi, come riporta Mambo Katherine Dunham in base alla sua esperienza personale nel suo libro Island Possessed .

Mentre la tendenza generale nel Vodou è conservatrice in accordo con le sue radici africane, non esiste una forma singolare, definitiva, solo ciò che è giusto in una particolare casa o discendenza. Piccoli dettagli del servizio e degli spiriti serviti variano da casa a casa e pertanto le informazioni nei libri o su Internet possono sembrare contraddittorie. Non c'è autorità centrale o " papa " nel Vodou haitiano, dal momento che "ogni mambo e houngan è il capo della propria casa", come dice un popolare detto haitiano. Un'altra considerazione in termini di diversità haitiana sono le molte sette oltre alla Sèvi Gine ad Haiti come Makaya, Rara e altre società segrete, ognuna delle quali ha il suo distinto pantheon di spiriti.

Il concetto di Anima

Nel vudù l'anima è concepita come distinta in due corpi numistici, vale a dire il grande angelo guardiano e il piccolo angelo guardiano. La prima parte dell'anima è considerata quella più materiale, e per questo strettamente legata al corpo, tanto da lasciarlo solo in seguito alla morte. La seconda è considerata invece la parte più sottile, in grado di lasciare spesso il corpo — anche durante il sonno —, e quella più soggetta ad influssi esterni, tanto che si ritiene se ne possano impossessare, imprigionandola, persone che praticano la magia nera, attraverso la quale riuscirebbero a controllare il piccolo angelo guardiano e, direttamente, la persona cui l'anima appartiene, rendendola uno zombi. I sacerdoti vuduisti possono, in questo caso, proteggere il malcapitato preparando un vaso della testa (in francese pot de tête), ovvero una sorta di amuleto nel quale racchiudono anticipatamente il piccolo angelo guardiano impedendo che venga catturato. Quando una persona muore, la sua anima ascende al paradiso. Durante la vita ogni essere umano possiede inoltre un proprio maestro della testa (met tet, derivato dal francese maître tête). Questa entità corrisponde all'angelo custode della tradizione cristiana, un nume dunque che porta consiglio e protezione alla persona cui è associato. Eticamente il vudù esercita una morale che enfatizza la valorizzazione della vita umana e il rispetto della natura. Quest'ultima, essendo il vudù una religione panteistica è considerata sacra e permeata dalle divinità. La religione vuduista sta rappresentando, in particolare nelle regioni meridionali del Togo, una forza particolarmente fervente che lotta per la salvaguardia delle zone boscose considerate sacre e al contempo vi si celebrano molto spesso i rituali vuduisti.

Per quanto riguarda la vita umana, un insegnamento che può essere utilizzato come esempio principale della forza etica che caratterizza il vudù, è il valore che questo dà alle persone con handicap fisici o mentali perché considera manifestazione mistica qualsiasi cosa che sia speciale o semplicemente diversa.

Liturgia e pratica

Un tempio di Vodou haitiano è chiamato "Peristil". Dopo un giorno o due di preparazione allestendo altari in un Hounfour, preparando e cucinando ritualmente gallinacei e altri cibi, ecc., Un servizio di Vodou haitiano inizia con una serie di preghiere e canzoni in francese, quindi una litania in creolo haitiano e Langaj che attraversa tutti i santi europei e africani e loa onorati dalla casa, e poi una serie di versi per tutti gli spiriti principali della casa. Questo si chiama Priyè Gine o Preghiera africana. Dopo altre canzoni introduttive, a cominciare dal saluto di Hounto, lo spirito della batteria, vengono cantate le canzoni per tutti i singoli spiriti, iniziando con la famiglia Legba attraverso tutti gli spiriti Rada, poi c'è una pausa e inizia la parte Petro del servizio, che termina con le canzoni per la famiglia Gede.

Mentre le canzoni vengono cantate, i partecipanti credono che gli spiriti vengano a visitare la cerimonia, prendendo possesso delle persone e parlando e recitando attraverso di esse. Quando viene organizzata una cerimonia, solo la famiglia delle persone possedute ne beneficia. In questo momento si ritiene che il subdolo mambo o houngan possa portare via la fortuna degli adoratori attraverso azioni particolari. Ad esempio, se un prete chiede un drink di champagne, un partecipante saggio rifiuta. A volte queste cerimonie possono comprendere controversie tra i cantanti su come cantare un inno. Ad Haiti, queste cerimonie Vodou, a seconda del Sacerdote o della Sacerdotessa, possono essere più organizzate. Ma negli Stati Uniti, molti vodouisti e clero lo considerano una sorta di partito non serio o "follia". In un rito serio, ogni spirito è salutato e accolto dai presenti presenti e dà letture, consigli e cure a coloro che chiedono aiuto. Molte ore dopo, al sorgere del mattino, l'ultima canzone viene cantata, gli ospiti se ne vanno e gli esausti hounsis, houngan e mambos possono andare a dormire.

I praticanti di vodù credono che se uno segue tutti i tabù imposti dal loro loa particolare ed è attento a tutte le offerte e cerimonie, il loa li aiuterà. I praticanti di vodù credono anche che se qualcuno ignora il proprio loa, ciò può provocare malattia, fallimento delle colture, morte di parenti e altre sventure. A volte gli animali vengono sacrificati nel

Vodou haitiano. Viene sacrificata una varietà di animali, come maiali, capre, galline e tori. "L'intenzione e l'enfasi del sacrificio non sono sulla morte dell'animale, ma sulla trasfusione della sua vita nel loa; poiché la comprensione è che carne e sangue sono l'essenza della vita e del vigore, e questi ripristineranno il energia divina del dio".

A livello di famiglia dell'individuo, un Vodouisant o "sèvitè" / "serviteur" possono avere uno o più tavoli preparati per i loro antenati e lo spirito o gli spiriti che servono con immagini o statue di spiriti, profumi, cibi e altre cose favorito dai loro spiriti. L'allestimento più semplice è solo una candela bianca e un bicchiere d'acqua chiaro e forse fiori. In una particolare giornata dello spirito, uno accende una candela e dice un Padre Nostro e un'Ave Maria, saluta Papa Legba e gli chiede di aprire il cancello, quindi uno saluta e parla allo spirito particolare come un membro della famiglia più anziana. Gli antenati vengono avvicinati direttamente, senza la mediazione di Papa Legba, poiché si dice che siano "nel sangue".

In una casa Vodou, spesso, gli unici oggetti religiosi riconoscibili sono immagini di santi e candele con un rosario. In altre case, dove le persone possono mostrare più apertamente la loro devozione agli spiriti, gli oggetti notevoli possono includere un altare con santi e iconografie cattoliche, rosari, bottiglie, barattoli, sonagli, profumi, oli e bambole. Alcuni devoti Vodou hanno meno armamentario nelle loro case perché fino a poco tempo fa i praticanti

Vodou non avevano altra scelta che nascondere le loro credenze. Haiti è una società rurale e il culto degli antenati custodisce i valori tradizionali della classe contadina. Gli antenati sono legati alla vita familiare e alla terra. I contadini haitiani servono quotidianamente gli spiriti e talvolta si riuniscono con la loro famiglia allargata in occasioni speciali per cerimonie, che possono celebrare il compleanno di uno spirito o di un evento particolare. In aree molto remote, le persone possono camminare per giorni per partecipare a cerimonie che si svolgono più volte più volte al mese. Vodou è strettamente legato alla divisione e all'amministrazione della terra, nonché all'economia residenziale. I cimiteri e molti incroci sono luoghi significativi per il culto: il cimitero funge da deposito di spiriti e l'incrocio funge da punto di accesso al mondo dell'invisibile.

Sacerdoti

Houngan (sacerdote) o Mambos (sacerdotessa) sono generalmente persone che sono state scelte dagli antenati morti e hanno ricevuto la divinazione dalle divinità mentre era posseduto. La sua tendenza è fare del bene aiutando e proteggendo gli altri dagli incantesimi, tuttavia a volte usano il loro potere soprannaturale per ferire o uccidere le persone. Conducono anche cerimonie che di solito si svolgono "amba peristil" (sotto un tempio Vodou). Tuttavia, non Houngan o non Mambo come Vodouisants non sono iniziati e sono indicati come "bossale"; non è un requisito essere un iniziato a servire i propri spiriti. Esiste un clero nel vodù haitiano la cui responsabilità è preservare i rituali e le canzoni e mantenere il rapporto tra gli spiriti e la comunità nel suo insieme (anche se alcuni di questi sono anche responsabilità dell'intera comunità). A loro è affidato il compito di guidare il servizio di tutti gli spiriti della loro discendenza. A volte sono "chiamati" a servire in un processo chiamato essere bonificati, a cui possono resistere all'inizio. Sotto gli houngan e i mambos ci sono gli hounsis, che sono iniziati che agiscono come assistenti durante le cerimonie e che si dedicano ai propri misteri personali.

L' asson (calabash rattle) è il simbolo di chi ha acquisito lo status di houngan o mambo (sacerdote o sacerdotessa) nel Vodou haitiano. Il calabash è preso dall'albero di calabasse courante o calabasse ordinaire, che è associato con Danbhalah-Wédo. Un houngan o un mambo tradizionalmente tiene in mano l'asson, insieme a una clochette (campana). L'assone contiene pietre e vertebre di serpenti che gli danno il suono. L'asson è coperto da una rete di perline di porcellana.

Un bokor è uno stregone o un mago che lancia incantesimi su richiesta. Non sono necessariamente preti e possono essere praticanti di cose "più oscure" e spesso non sono accettati dal mambo o dall'Hungan. Bokor può anche essere un termine haitiano per un sacerdote Vodou o un altro praticante che lavora con le arti della magia sia chiare che oscure. Il bokor, in questo senso, si occupa di baka' (spiriti malevoli contenuti nella forma di vari animali).

La morte e l'aldilà

I praticanti di Vodou venerano la morte e credono che sia una grande transizione da una vita all'altra o all'aldilà. Alcune famiglie Vodou credono che lo spirito di una persona lasci il corpo, ma sia intrappolato nell'acqua, sulle montagne, nelle grotte - o in qualsiasi altro luogo in cui una voce possa risuonare ed echeggiare - per un anno e un giorno. Successivamente, una celebrazione cerimoniale commemora il defunto per essere rilasciato nel mondo per vivere di nuovo. Nelle parole di Edwidge Danticat, autore di "Un anno e un giorno" - un articolo sulla morte nella società haitiana pubblicato nel New Yorker - e un praticante vodù, "La commemorazione annuale è vista nelle famiglie che ci crede e lo pratica, come un obbligo tremendo, un dovere onorevole, in parte perché assicura una continuità trascendentale del tipo che ci ha tenuti haitiani, indipendentemente da dove viviamo, legati ai nostri antenati da generazioni ". Dopo che l'anima del defunto ha lasciato il suo luogo di riposo, può occupare alberi e persino diventare una voce sommessa nel vento. Anche se altre famiglie haitiane e dell'Africa occidentale credono che ci sia un'aldilà in paradiso nel regno di Dio.

Pratiche e Rituali

I rituali Voodoo sono divisi in due principali tipi di riti: Rada e Petro. Entrambi implicano percussioni, danze, canti e stati di trance. Differiscono solamente nel tipo di Loa a cui sono indirizzati e nei propositi dei rituali. Tutti i rituali iniziano con un invocazione a Legba, il Loa guardiano e apritore del passaggio. Senza il permesso di Legba, nessun altro Loa può passare dalla dimensione astrale a quella materiale. L'Houngan invoca Legba per consentirgli di aprire il passaggio: "Papa Legba, ouvri barriè pou nous passer." Dopo di ciò, dell'acqua è ritualmente cosparsa nel quattro punti cardinali. Quindi l'acqua è versata tre volte davanti il peristyle e davanti il poteau-mitan, traciando una linea dall'entrata del peristyle fino al poteau-mitan. Il poteau-mitan viene baciato due volte e questo prima di ogni battimento percussivo. Nei riti Rada vegono usati tre percussioni, e vengono trattati come oggetti consacrati. L'elemento più largo è chiamato il maman, il successivo il seconde ed il minore il cata. Dopo di ciò, il La Place e due Hounsi eseguono i saluti con i Drapeaux e la spada sacra verso i punti cardinali, verso il poteau-mitan e verso le percussioni. Quindi accendono delle candele all'interno del cerchio. Con una particolare farina chiamata appunto Farine, l'houngan traccia degli vévé per terra o su un foglio di carta bianca. I vévé simbolizzano il particolare Loa che viene onorato nella cerimonia e servono anche sia come posto in cui riporre le offerte per il Loa che come simbolo magico che evoca il Loa interessato. L'houngan sparge il resto della farine verso i quattro punti cardinali. L'ordine del saluto, dell'accensione delle candele e della traccia degli vévé potrebbero essere riorganizzati per adattarsi ai diversi rituali ed alle diverse tradizioni. I canti iniziano con canti cattolici, seguito dal Langage. Il langage rappresenta una dimenticata e arcana liturgia africana che si suppone evochi i Loa in ordine gerarchico ma non è usualmente compreso dagli stessi cantanti. Seondo la mitologia Voodoo, il langage discende da un sibilo di Damballah. A questo punto l'houngan chiama il Loa. Vengono fatte delle offerte per nutrire il Loa. Il rituale finisce con la battérie, un ritmo unisono di battimenti con le mani, percussioni e di squotimento dell'asson.

Persone chiave nel rito

Il rito è sempre tenuto da un Hounhan o da una Mambo, che supervisionano il rito e conducono le relazioni con il Loa. L'houngan o la Mambo hanno due assistenti, che sono i successivi nella gerarchia dei sacerdoti, un maschio ed una femmina. Questi assistenti sono stati preparati per il sacerdozio ed un giorno saranno iniziati come Houngan o come Mambo. L'assistente maschile è chiamato il La Place.

Questo è il cerimoniere del rito e dirige i movimenti di tutti. Porta una spada sacra, chiamata ku-bha-sah, che lui usa per tagliare fuori il mondo materiale, lasciando il fedele aperto al Loa. La ku-bha-sah simbolizza il Loa Ogou, Loa del ferro e dell'armeria. Il La Place dirige anche lo sbandieramento dei Drapeaux e le percussioni. L'assistente femminile è chiamata houngénikon. Questa dirige e controlla il coro del hounsi canzo che canta durante il rito. Inolte è il supervisore delle offerte fatte al Loa e chiede la loro presenza nella terra. Il coro, composto da hounsi canzo e perciò chiamato a volte Canzo, è composto da membri pienamente iniziati di una société. Controllati dalla houngénikon, inviano dei canti verso il Loa nella dimensione astrale ed in questo modo portano il Loa nella terra. Altre figure importati sono l'hounsi ventailleur, che porta l'animale sacrificale, e l'hounsi cuisiniere, che è il cuoco sacrificale.

Evocazione di un Loa

Questo vévé, tipicamente tracciato intorno al centro, è usato per chiamare il Loa. Per invocare il Loa, l'houngan batte sul vévé col suo asson per aprire la forza astrale del Loa. I Vévé sono riproduzioni letterali delle forze astrali, ciascuna rappresentante un diverso Loa. La traccia ed il colpire i vévé obbligano il Loa a discendere sulla terra. In alternativa, l'houngan potrebbe chiamare il Loa prostrandosi sul Pé e portando il Loa all'interno di un Govi. L'houngan usa parole magiche per attrarre il Loa in questo modo. Può quindi consultare il Loa che risiede dentro il govi, ponendogli domande che concernono il presente o il futuro. Nutrire il Loa Il nutrimento rituale del Loa, chiamato Mangé Loa nel Voodoo, è offerto per alimentare, rivitalizzare o fortificare spiriti divini oppure per stabilire contati con particolari Loa. Ogni Loa ha i propri cibi preferiti; maggiori saranno le offerte fatte al Loa, maggiore sarà la potenza disponibile per il rito. Il cibo rituale è sempre posto sopra un vévé se eseguito all'interno di un hounfort e su un incrocio quando è eseguito al di fuori. L'assaggio delle offerte incrementa la potenza che porta il Loa, incluso il sangue del sacrificio di animali e parte della farine usata per fare i vévé. Vengono fatte delle libazioni di bevande favorite, in particolare kleren, spargendo il liquido nel suolo per tre volte.

A volte vengono fatti sacrifici di animali in rituali molto importanti per nutrire il Loa. Nel sacrificio, la forza vitale dell'animale diviene una parte del Loa. Il sangue dell'animale e custodito in una zucca a fiasco e bevuto in modo che i devoti possano condividere l'energia divina dal Loa. Ogni Loa ha un animale che lo simbolizza e che viene usato per il sacrificio. Il lavaggio della testa Il lavaggio della testa, chiamato nel Voodoo laver tête, è usato per battezzae o purificare i devoti. Il rito viene eseguito su una stuoia di foglie di banana oppure su un letto di rami di legno profumati cosparso di fiori ed un po di sciroppo. Il devoto a cui deve esser lavata la testa indossa un lungo abito bianco per il rito. Intonando particolari canti per il laver tête, l'houngan cosparge la testa del devoto con acqua che prende da una ciotola bianca. L'uso del colore bianco, di fiori e di dolci sciroppi evidenziano che questo è un rituale per Danballah, la cui benedizione è richiesta durante il lavaggio della testa.I Loa L'insieme delle divinità del Voodoo è enorme, con centinaia di divinità. Molti di questi Loa sono semplicemente aspetti di altri Loa, cosicchè un Loa potrebbe avere nomi ed apparenze diverse.

La cerchia delle divinità si può espandere per includere nuovi Loa nella forma di nuove divinità e spiriti ancestrali. La credenza Voodoo riconosce un Essere Supremo originario, chiamato il "Gran Maître" che creò il mondo. In ogni modo, Lui è troppo remoto per occuparsene personalmente. Al contrario i devoti "servono i Loa"; loro vogliono pregare i Loa e ricevere dei favori in cambio. Ci sono due principali categorie di Loa, secondo la credenza Voodoo: Il Rada ed il Petro. Molti Loa hanno manifestazioni che appartengono sia al Rada che al Petro, ma la maggior parte delle divinità protendono principalmente verso l'uno e verso l'altro. Tutti i Loa "montano" o posseggono i loro devoti. I Rada Loa I Rada sono Loa benevolenti e gentili. Prendono origine nelle credenze Yoruba portate dall'Africa occidentale e rappresentano il calore e la stabilità emotiva dell'Africa. I riti Rada seguono percorsi Africani più tradizionali ed enfatizzano l'aspetto più positivo e più gentile dei Loa. I rituali Rada sono caratterizzati dall'abbigliamento completamente bianco dei devoti e da un tipo specifico di percussioni e di danze, che si basano sul ritmo. Nelle cerimonie Rada è sempre presente un grande falò con una barra di ferro incastrato all'interno, rappresentante del Loa "Ogou". La divinità Loa non chiede mai un sacrificio che va oltre il pollo o i piccioni, anche se a volte vengono sacrificati a loro tori e capre. Loro faranno dei favori ai loro devoti senza alcuna conseguenza danneggevole alla persona che richiede il favore, ma i loro servizi non sono, per definizione, molto potenti.

La Bambola

Quando si parla di fatture e stregonerie, ai più viene in mente lei... la Bambola. E' la forma più classica di pratica "nera" e può essere di odio e di amore, a seconda della volontà di chi opera e dei gesti che vengono effettuati durante il rito. La tradizione magica raccomanda la cera modellata per la raffigurazione della persona da ammaliare ma si può sostituire la statuina con uova non fecondate, con velluto oppure con l'attuale metodo più in uso: "la fotografia". Quest'ultima ha il vantaggio di riprodurre esattamente i lineamenti della persona da ammaliare. Quando si costruisce una bambola, bisogna incorporagli la vita fluidica della persona da ammaliare; è qui che interviene l'astuzia dell'operatore. Bisogna dunque procurarsi Sangue, pezzettini di unghie, capelli, peli, o ancora meglio saliva, sangue mestruale, sperma, urina, escrementi o alla peggio, oggetti che siano stati in contatto intimo con la vittima come fazzoletti, calze, ecc.. Nelle fatture d'amore, l'ammaliatore abbraccia accarezza, prega o meglio ordina alla bambola che riproduce la persona da ammaliare, di amarlo eternamente o di ritornare in caso di abbandono. Nelle fatture d'odio, viene invece picchiata, trafitta con spilloni, insultata o sciolta lentamente al calore di una fiamma. In ogni caso, alla fine di ogni rito, la bambola viene nascosta e coperta da un lenzuolo nero (per l'odio) rosso (per l'amore) sino al rito successivo. Una frase consueta durante i riti d'amore che viene recitata mentre la bambola resta esposta al calore della fiamma è: "Come io faccio sciogliere questa cera sotto gli auspici dello spirito invocato, così si scioglierà d'amore il cuore di ghiaccio che io voglio incendiare".

Zombie

Secondo la tradizione magica del vudù, alcuni potenti stregoni sarebbero in grado di riportare alla vita i morti, creando i cosiddetti zombi. Sembrerebbero esserci numerose testimonianze a tal proposito; la scrittrice statunitense Zora Hurston, ad esempio, riuscì a fotografare una zombie ad Haiti: si sarebbe trattato di Felicia Felix Mentor, deceduta nel 1907, ricomparsa misteriosamente nel 1936 sotto forma di zombie. Al di là delle leggende, il professor Heinz Lehamann, dopo aver esaminato diversi zombie, afferma che in realtà si tratterebbe di malcapitati a cui è stata somministrata una potente droga che indurrebbe uno stato di morte apparente prima e di vita vegetativa poi.

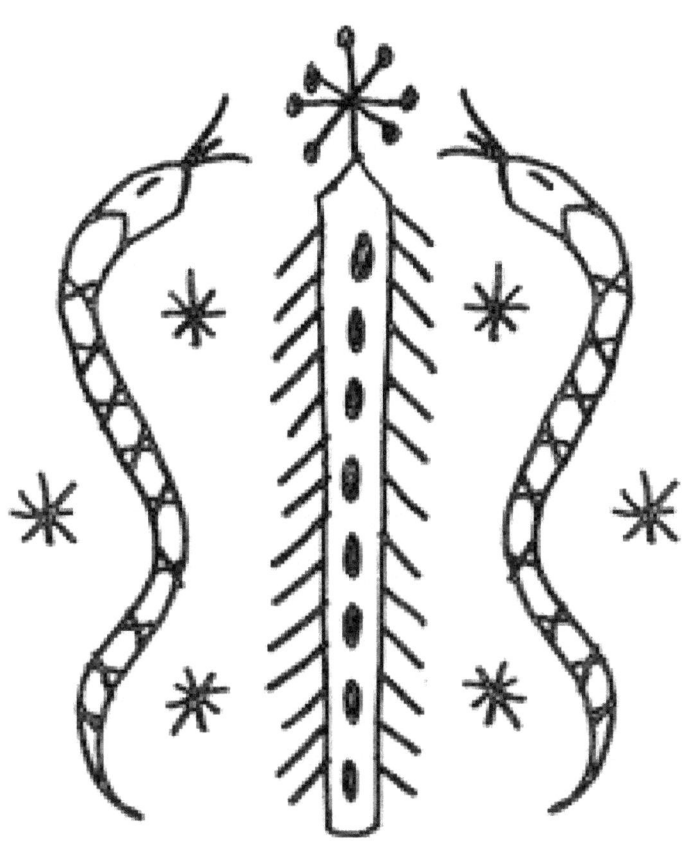

Milton Keynes UK
Ingram Content Group UK Ltd.
UKHW020647271123
433341UK00019B/1300